위대하고 소중한 나의 사랑, _____

부모님 문답 에세이

위대하고 소중한 나의 사랑,

―――――――――

위대하고 소중한 나의 사랑, _____

To ─────────────

> 내 인생 최고의 보물
> 모든 순간 반짝여줘서
> 진심으로 고마워

From

우리가 처음 만났던 날이 기억나느냐고,
네가 나중에 물어올지도 모르겠다. 당연히 기억하지.

우리가 처음 만났던 날, 그날 내가 느꼈던 감동은
평생 내가 느껴봤던 감동과는 다른 것이었단다.

나는 너를 보며 다짐했어.
이 작고 귀한 아이를 사랑하는 것에 내 인생을 모두 바치겠다고.

시간이 흘러, 꼬마인 줄로만 알았던 네가 지금 내 곁을 지켜주고
있다는 사실이 얼마나 신기하고 감사한 일인지 모르겠다.

잘 자라주어서 진심으로 고마워.

위대하고 소중한 나의 사랑, _____

부모 마음이라는 게 참 이상하지?

잘 자란 널 보면서도 마음 한편으로는
늘 걱정이 사라지지 않으니까 말이야.

아주 먼 미래에, 내가 없는 세상을 살아갈 널 생각하면,
벌써부터 마음이 시려오니까 말이야.

모든 것을 다 주어도 아깝지 않을 너에게
하고 싶은 말이 있어 이 책을 쓴단다.

시간이 많이 지난 후 나를 추억하며
한 번쯤 꺼내 볼 만한 편지라고 하면 좋을 거 같다.

위대하고 소중한 나의 사랑, _____

항상 건강하고 행복하렴.
사랑한다, 내 소중한 보물.

우리가 처음 만났던 그날부터,
이 글을 쓰는 지금을 지나,
앞으로도 영원히.

이 책의 주인공은
당신이에요

이 책은 부모님이 자녀에게 해주는 따뜻한 격려와
깊은 사랑의 메시지를 담은 에세이입니다.

70%의 글이 있고 30%는 자녀를 위해
직접 애정 어린 손글씨로 완성해 주세요.

1. 연필 아이콘이 ✏️ 있는 자리에 답변을 써주세요.
2. 보라색 밑줄에는 자녀의 이름을 써주세요.
3. 그림에 말주머니를 그려 더 풍성한 이야기를 만들어주세요.

부모님의 어린 시절 추억부터 자녀에게 당부하고 싶은 이야기,
그리고 함께 행복한 시간을 보내기 위한 질문들이 있습니다.

위대하고 소중한 나의 사랑, _____

완성본은 자녀에게 보내는 하나의 편지가 되어
둘만의 이야기가 담긴 소중한 선물이 될 것입니다.

이 책에 등장하는 캐릭터는 '부모님'과 '자녀'를 상징합니다.
자녀에게 보내는 답변과 함께 말주머니도 달아보면 어떨까요?

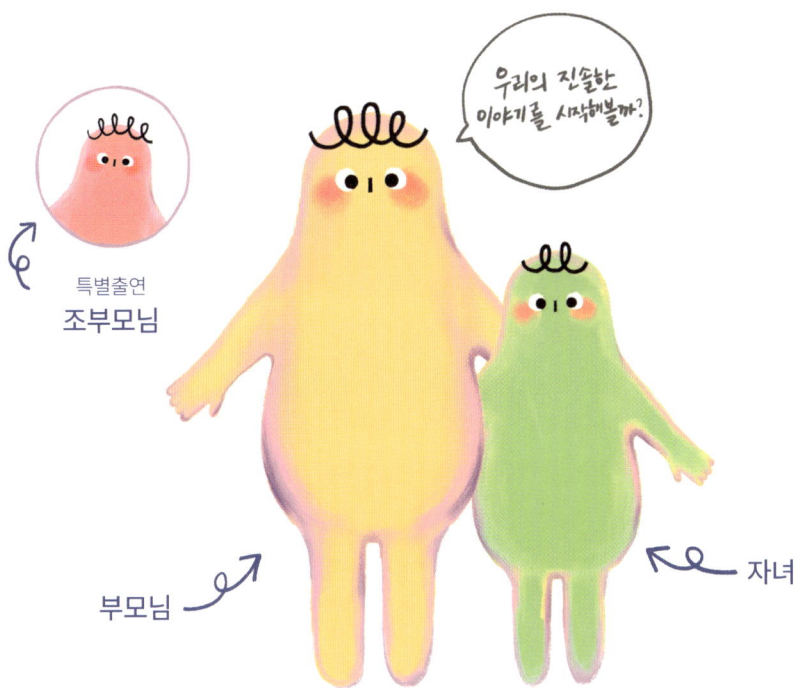

Chapter. 1

꽃이 피고 첫눈이 오듯
변화하는 나라는 계절
"나의 추억과 생각들"

Chapter. 2

너로 인해 완전히 바뀐 내 세상
나에게 찾아온 너라는 우주
"소중한 너의 삶을 응원해"

Chapter. 3

너와 나의
가장 위대하고 소중한 사랑
"우리의 행복한 시간"

나에게도 빛나던 청춘이 있었지 — p.16
내 학창 시절에는 말이야 — p.20
나의 부모님 이야기 — p.24
그땐 그랬지 — p.30
내가 너의 시간으로 돌아간다면 — p.32

너를 처음 만났을 때 — p.38
너에게 보이는 나를 닮은 점 — p.42
초등학교에 처음 입학하던 날 — p.44
나를 행복하게 했던 네가 해준 말들 — p.46
인생에 슬럼프가 왔을 때 꼭 기억할 것 — p.54

다시 태어난다면 — p.62
우리 가족을 위한 소원 — p.64
너와 꼭 해보고 싶은 것들 — p.66
나의 버킷리스트 — p.70
마지막으로 하고 싶은 말 — p.78

위대하고 소중한 나의 사랑, _____

Chapter. 1

꽃이 피고 첫눈이 오듯
변화하는 나라는 계절
"나의 추억과 생각들"

나에게도 빛나던 청춘이 있었지

_____ ,

안녕?
오늘은 유난히 해가 예쁜 날이구나.
활활 타오르는 선명한 붉음이 꼭 찬란한 청춘 같아.

나에게도 빛나던 시기가 있었지.
청춘은 특이하게도, 그 시기를 지날 때는 청춘인지를 모르다 다 지나고 나면 '그때가 좋았지.'하고 생각하게 되는 것 같아.

혹시 모르지.
먼 훗날에는 지금이 가장 좋은 시절이라고 추억하게 될지도.

물론, 너와 내가 함께하는 모든 순간은
너라는 사람 덕분에 매일이 찬란하게 빛나고 있단다.

그래도 그때가 가끔 그리운 건 지나온 발자취에 대한 애틋함과
절대로 돌아갈 수 없는 시간이라 그렇겠지?

빛나던 청춘에 나는 말이야…

1. 친구들과

2. 공부를

3. 외모가

4. 관심사는

Chapter. 1 | 나의 추억과 생각들

어린 시절을 생각하면 어떤 기억이 먼저 톡 하고 떠오르니?
나는 네가 행복한 기억부터 떠올린다면 참 좋겠어.

그러면서도 아쉬움이 계속 남네.
너에게 더 많은 이야깃거리와 더 많은 즐거운 기억을
만들어주었다면 좋았을 거라는 아쉬운 마음 말이야.

내가 어릴때 느꼈던 행복한 기억을 떠올려보면,
크고 특별한 기억만 생각나는건 아닌거 같아.
오히려 작았던 것들이 먼저 떠오르기도 하더라.

아꼈던 장난감, 친구들과 놀던 놀이터,
귀여운 곤충을 발견해서 그 앞에 오도카니 쪼그려 앉아있던 날..

그때에는 당연히 주어진 평범한 일상이라고 생각했는데,
지금 돌이켜보면 한없이 소중한 날들이었어.

너에게도 그런 날들이,
그런 기억들이 많기를 바란다.

위대하고 소중한 나의 사랑,

내 어린 시절 행복한 기억은…

_____
_____
_____
_____

살면서 들어본 기억에 남는 칭찬은…

_____
_____
_____
_____

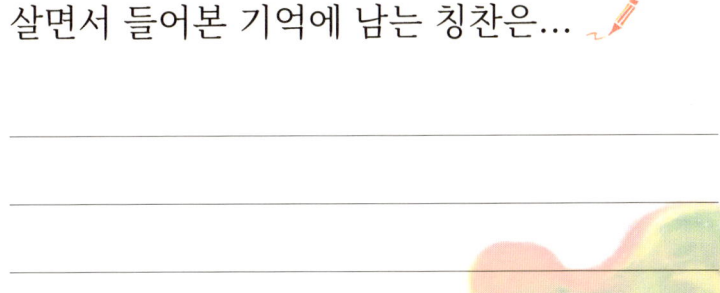

내 학창 시절에는 말이야

나도 물론 처음부터 어른이었던 것은 아니었단다.
하고 싶은 것도 많고 이루고 싶은 것도 많은
청소년 시기가 나에게도 있었어.

지금도 어떤 때는
마음은 학창 시절 그대로인데
몸만 쑥 자라버린 것 같은 기분을 느낄 때도 있어.

이 글을 쓰다가도 어렴풋이 그 시절이 생각나.

모두가 순수했던 교실의 분위기,
종일 목이 빠져라 기다리던 점심시간,
뭐가 그리 재밌는지 웃음이 참 많았던 그때..

위대하고 소중한 나의 사랑, _____

나의 학창 시절이 궁금하니? ✏️

나는 _____

_____ 학생이었단다.

그 시절 나의 꿈은 ✏️

_____

_____

작지만 기억에 남는 나의 일탈은 ✏️

_____

_____

_____

위대하고 소중한 나의 사랑, _____

내가 20대에 가장 많은 시간을 보낸 곳은…

영화처럼 만약 그때의 나를 다시 한번 만난다면
이 말만은 꼭 해주고 싶구나

나의 부모님 이야기

역시 그 시절을 생각하면
나의 부모님 생각이 많이 나는 것 같아.

할머니랑 사소한 일로 다툴 때면 꼭 그런 말씀을 하시곤 했어.
너도 나중에 자식 생겨보면 내 마음 알 거다.

그때마다 난 다를 거다 이야기하고는 했지.
그때는 몰랐어.

어느 부모라도 자식이 생기면 좀 더 곁에 있어주지 못해서,
좀 더 대신해 주지 못해서 아쉬운 마음이 든다는 사실을.

하지만 할머니는 아셨던 거지.
할머니가 나를 사랑해서 가슴 절절했듯이,
나도 너에게 가슴 절절한 사랑을 할 것이라는 것을.

사랑이 아니라고 느꼈던 그 순간마저도
사랑이었음을.

널 낳고, 난 네 할머니와 할아버지를
많이 이해할 수 있게 되었어.

물론 나와 부모님이 다른 점도 많지만,
같은 부모라는 역할을 경험하게 되니
많은 부분을 공감할 수 있게 되더라고.

어때,
지나고 보니
세상살이 참 녹록지 않지?

그럼에도 넌 나에게
고단한 삶을 햇살처럼
밝고 희망차게 만들어준
존재였어.

그래서 난 또 힘을 내어
앞으로 나아갈 수 있었지.

위대하고 소중한 나의 사랑, _____

이 따뜻하고 소중한 빛을
너도 어느새 고스란히
'너의 아이'에게
물려주는구나.

비로소
너도 나의 마음을
깨닫게 된 거야.

Chapter. 1 | 나의 추억과 생각들

늘 기억해 주렴.
'너의 아이'가 너에게
가장 소중한 존재인 것처럼

너 또한 나에게는
가장 소중한 존재임을...

위대하고 소중한 나의 사랑, _____

늘 마음에 품고 있었던 내 부모님에게
하고 싶은 이야기가 있어…

나의 부모님, _____께..

_____

_____

_____

_____

_____

_____

_____

_____

_____

그땐 그랬지

우연히 추억이 담긴 노래를 들으면,
그 시절로 돌아가는 것 같은 느낌을 받을 때가 있어.

어린 시절 내가 제일 좋아했던 노래가 무엇이었는지
곰곰이 생각해 보았는데, 역시 나는
'＿＿＿＿＿＿＿＿'이 제일 좋았던 것 같아.

귓가에 들려오는 익숙한 노래 가사 한 줄은
그 노래를 들으며 즐거워했던 그때의
장소, 공기, 분위기로 나를 데려가곤하지.

만약 그 시절로 돌아간다면,
다시 보고 싶은 순간의 것들이 있어.

눈을 감으면 어제 막 들었던 것 처럼
선명하게 기억나는 그 노래와 함께
그때 그 시절로 한 번 돌아가 보고 싶네.

위대하고 소중한 나의 사랑, ＿＿＿＿＿＿

과거로 돌아갈 수 있다면 보고 싶은 건…

Chapter. 1 | 나의 추억과 생각들

내가 너의 시간으로 돌아간다면

길을 걷다 보면 수많은 사람들이 곁을 지나가지.

마냥 즐거워 보이는 청춘의 한 페이지를 지나가고 있는
사람들을 보면 가끔 생각에 잠기곤 해.

너는 아무래도 네가 얼마나 빛나고 있는지,
지금 살아가고 있는 그 시간이
얼마나 아름다운지 잘 모르겠지?

절대 돌아오지 않을, 지금의 순간을
소중히 여기며 살아가렴.

지금보다 더 잘 할 수는 없다고 생각이 들 만큼
최선을 다해 현재를 살아가렴.

나는 그저 네가 후회 없이
자신감에 차서 살아갈 수 있기를
응원한단다.

위대하고 소중한 나의 사랑, _____

만약 내가 네 나이로 돌아갈 수 있다면
꼭 하고 싶은 3가지는… ✏️

위대하고 소중한 나의 사랑, _____

언제나 오늘이 네게 주어진
최선의 날인 것처럼
살아갈 수 있으면 좋겠다.

괜찮아,
너는 분명히 그렇게 살 수 있을 거야.
너는 세상에서 가장 현명한 사람이니까.

Chapter. 1 | 나의 추억과 생각들

위대하고 소중한 나의 사랑, _____

Chapter. 2

너로 인해 완전히 바뀐 내 세상
나에게 찾아온 너라는 우주

"소중한 너의 삶을 응원해"

너를 처음 만났을 때

너를 처음 만난 날을 생각하면, 아직도 가슴이 벅차올라.
무언가 뜨거운 감정이 솟아오르고, 너무 소중해
정말 어쩔 줄 모르는 마음으로 너를 만났거든.

세상을 다 가진 것 같은 기분이었다면 표현이 될까?
아직도 눈앞에 선명하게 떠오르는 감격스러운 장면이 말이야.

우리의 만남은 그렇게 벅찬 감동으로 시작되었단다.

무사히 네가 태어나 주었음에 얼마나 감사하던지.
나는 널 위해서라면 기꺼이 더 좋은 사람이 되겠노라 다짐했다.

지금도 내 귓가에 울리던 네 울음소리는
우리가 가족이라는 소중한 인연으로 묶일 수 있게 되었던
그날을 떠올리게 한단다.

나에게 와주어서 고마워.

위대하고 소중한 나의 사랑, _____

세상에 나와 힘차게 울며 내 품으로 다가오는 순간
얼마나 예뻤는지 모르겠어.

뱃 속에 있을 땐 그렇게도 커보이던 네가
얼마나 작고 소중하던지
내가 꼭 지켜주어야지 다짐하며 너의 손을 잡아봤단다.

많은 생각으로 머리가 꽉 차서
너를 그저 꼭 안아주었지.

내가 너의 훌륭한 세상이 되어주겠다고,
몇 번이고 약속하면서..

네가 태어난 날,
나도 다시 태어났어.

부모라는 이름으로,
더 좋은 사람으로.

위대하고 소중한 나의 사랑, _____

너를 처음 만났을 때
아직도 선명한 기억과 감정은 말이야... ✏️

_____

_____

_____

_____

_____

너에게 보이는 나를 닮은 점

거울을 보다 문득 그런 생각을 해.

아이는 부모의 거울이라는데,
너라는 거울에 비치는 나는
'내가 이토록 좋은 사람이었나?' 싶을 정도로
넌 늘 훌륭한 아이였거든.

잘 커줘서 고마워.
몇 번을 고마워해도 부족할 정도로 고마워.

너를 보고 있자면
'우와, 이런 것까지 닮았네?'
하고 피식 웃게 되는 날도 있고

'아이, 이런 건 안 닮았어도 되는데.'
하고 놀라는 날도 있단다.

위대하고 소중한 나의 사랑, _____

너에게 보이는 나를 닮은 점은… ✏️

_____

_____

_____

_____

Chapter.2　|　소중한 너의 삶을 응원해

초등학교에 처음 입학하던 날

네가 초등학교에 입학하던 날,
자기 몸보다 커다란 가방을 메고
학교 운동장으로 들어가던 뒷모습을
아직도 잊을 수가 없어.

친구들이랑은 잘 지낼까?
선생님 말씀은 잘 들을까?
뛰어다니다 넘어지는 건 아니겠지?

두근두근 설렘과 온갖 걱정이 들었지만
"이제 초등학생이니까 다 스스로 할 수 있어야 해."하고
네게 이야기하며 나도 마음을 다잡곤 했지.

마냥 아기 같은 너를 보면서.

위대하고 소중한 나의 사랑, _____

네가 초등학교에 입학할 때 내 마음은…

_____
_____
_____
_____

그리고 가장 기억에 남는 건,

_____
_____
_____
_____
_____

분명한 건 넌 늘 나에게 최고였고 자랑이었단다.

Chapter.2 | 소중한 너의 삶을 응원해

나를 행복하게 했던 네가 해준 말들

존재만으로도 감사한 너라서,
너라는 존재가 내 곁에 있는 것만으로도
세상 부러울 것이 없고 행복하단다.

말하지 않아도 네가 나를 사랑한다는
진심을 잘 알고 있지만,

가끔은 직접 이야기해 주는 것을 들으면서
가슴속 깊이 담아두기도 해.

그리고, 다시 한번 내 마음에 새기지.

예쁜 입으로 예쁜 말을 해주는 네가
내 곁에 와준 것은 최고의 행복이라고.

마음에 1등으로 기억하고 싶을 만큼
나를 행복하게 했던 네가 해준 말들은…

최고예요

사랑해요

존경해요

고맙습니다

수많은 너의 장점 중 3가지

부모에게는 자식이 어떤 장점을 가졌는지,
어떤 단점을 가졌는지는 큰 의미가 없단다.

네가 어떤 모습을 가졌든지
모두 다 사랑스럽고 소중하니까.

속이 깊은 네가 참 좋다.
마음이 따뜻한 네가 참 좋다.
무심한 듯 세심하게 기억하는 네가 참 고맙다.

위대하고 소중한 나의 사랑, _____

내 인생 최고의 보물인 네가 건강하고 당당하게
살아갈 수만 있다면 내가 뭘 더 바라겠니?

그럼에도 불구하고 수많은 너의 장점 중
3가지를 꼽아보려 해.

우리 _____ 는, 세상에서 제일

_____

_____

_____

_____

좋은 사람으로 자라줘서 고마워.
빛나는 사람이 되어주어서 고마워.

나는 언제나 너와 가장 가까운 곳에서
너의 인생을 응원한단다.

너에게 미안했던 점

'눈에 넣어도 안 아프다.'라는 말은
도대체 누가 생각해낸 걸까?

내가 널 생각하는 마음을 이것보다
더 정확하게 표현할 수는 없을 것 같다.

하지만 지금 생각해 보면,
나도 부모라는 역할은 처음이라서
완벽하게 해내지는 못했던 것 같아.

시간이 흘러 조금 더 성숙한 어른이 되고 나니,
그때 나의 부족하고 미흡했던 면이
너에게 상처가 되진 않았을까 하고 걱정하기도 해.

다시 한번 기회가 주어진다면,
처음부터 너에게 더 완벽한 부모가 될 수 있을 텐데,
그런 멋진 부모가 되어줄 수 있을 텐데, 하는 생각이 들어.

'그때는 정말 미안했어.' 하고 이야기하면
너는 나의 사과를 받아주겠니?

위대하고 소중한 나의 사랑, _____

내가 너에게 미안했던 점은…

_____

_____

_____

왜 꼭 잘해주었을 것들은 하나도 기억이 안 나고,
매번 이렇게 부족했던 것으로만
머리를 꽉 채우게 되는지 모르겠구나.

앞으로는 내가 좀 더 잘할게,
사랑하는 내 보물…

_____

위대하고 소중한 나의 사랑, _____

Chapter.2 | 소중한 너의 삶을 응원해

인생에 슬럼프가 왔을 때 꼭 기억할 것

매일 똑같은 하루를 보내다 보면,
반복되는 일상에서 갑자기 뭐라고 콕 집어서 설명할 수 없는
슬럼프에 빠지는 날이 오기도 한단다.

열심히 가고 있는데도 같은 자리를 빙글빙글 돌고 있는 듯한
좌절을 경험하는 날이 올 수도 있어.

하지만 괜찮아.
누구나 겪을 수 있는 일이야.

잠깐 왔다 갈 일시적인 무기력함에
모든 감정을 빼앗기지 않아도 괜찮단다.

살다 보면 누구나 그럴 수 있어. 그러니까 당황하지 말고,
꼬인 실타래를 천천히 풀어나가듯이 마음을 정리해 보렴.

네가 지칠 때 괜찮다고 말하며 등을 토닥여주고,
응원해 줄 내가 항상 옆에 있을 테니까.
잠깐 쉬어가도 괜찮아.

위대하고 소중한 나의 사랑, _____

슬럼프가 왔다는 것은 그간 열심히 살았다는 증거거든.
숨 한 번 크게 쉬고, 마음을 편하게 가지렴.

인생에 슬럼프가 왔을 때 꼭 기억할 것은…

너에게 얘기해주고 싶은 사회생활에서 중요한 것

네가 사회에 꼭 필요한 구성원으로서 자랐으면,
주변 사람들에게 존중받는 소중한 사람이 되었으면,
네가 행복하다고 느끼는 일을 찾을 수 있으면...
하고 바라고 또 바란단다.

내가 살아보니까,
사회생활이 늘 즐겁기만 한건 아니라서
때로는 슬기로운 대처가 꼭 필요하더구나.

거센 풍파에 흔들리지 않을 담담함과
스스로에게 너그러울 수 있는 마음이 있어야
네가 덜 힘들단다.

인생의 선배로서, 사회생활을 하면서 중요한 몇 가지를 알려줄게.
힘든 일이 생길 때 한 번 곱씹어 보렴.

위대하고 소중한 나의 사랑, _____

내가 너에게 얘기해 주고 싶은
사회생활에서 중요한 3가지는…

_____
_____
_____
_____
_____

Chapter.2 | 소중한 너의 삶을 응원해

나를 힘들게 하는 사람 대처법

살다 보면 항상 너를 응원하고 너와 마음이
잘 맞는 사람들만 만나는 것은 아니란다.

때로는 일이 힘든 것보다 사람이 더 힘들게 할 때가 있을 거야.
친하던 사람, 믿고 있던 사람의 다른 모습을 보게 될지도 몰라.
그때 무너져내리는 마음은 생각보다 힘들 수 있단다.

하지만 네가 사회 구성원 중 한 사람으로서
주변 사람과 어우러져 긍정적인 에너지를 받는 것,
너를 힘들게 하는 사람을 대처하는 방법을 알아가는 것도
인생의 일부이고 과정이야.

너를 힘들게 하는 사람을 만나더라도 잊지 말렴.

네 뒤에는 너를 향한 무조건적인 사랑으로
_____ 널 응원하는 내가 있다는 것을.

위대하고 소중한 나의 사랑, _____

나를 힘들게 하는 사람을
슬기롭게 대처하는 방법은…

_____
_____
_____

Chapter.2 | 소중한 너의 삶을 응원해

위대하고 소중한 나의 사랑, _____

Chapter. 3

너와 나의
가장 위대하고 소중한 사랑
"우리의 행복한 시간"

다시 태어난다면

다시 태어난다면 어떤 삶을 살까?

더 건강한 몸을 갖고 살 수 있게 해달라고 할까?
마음이 너그러운 사람이게 해달라고 할까?
똑똑한 머리와 좋은 외모를 갖는 건 어떨까?
좀 더 편한 직업을 가져도 좋을 것 같은데.

물론 지금보다 더 좋은 여러 가지 조건을 생각할 수도 있겠지.
하지만 좀 더 좋은 조건들을 갖는 것보다도
가장 간절히 바라는 건 너를 또 만나는 거야.

모든 상황이 지금보다 더 나아진다고 하더라도
네가 내 곁에 없다면 그 어떤 것도 의미가 없는 일이니까.

너를 만난 건 내가 태어나서 지금까지 해온
수많은 일들 중에서 가장 잘한 일이란다.

위대하고 소중한 나의 사랑, _____

이렇게 네 곁에서 지낼 수 있음에 매일 감사해.
너는 이 세상에서 가장 소중한,
내가 가장 마음 깊이 사랑하는 최고의 자랑이야.

욕심이 하나 있는데, 혹시 다시 태어나도
나의 소중한 보물이 되어줄 수 있을까?
우리 한 번 더 가족으로 만나면 안 될까?

그럴 수 있으면 좋겠다.
우리 다시 태어나도 꼭 만나자.

내가 다시 태어난다면 바라는 것은…

우리 가족을 위한 소원

세상에서 내가 제일 아끼는 건 _____ 란다.

그 마음은 영원히 변하지 않을 테니까,
내가 너를 아끼는 만큼 너도 스스로를
소중히 여기고 아껴주면 좋겠어.

수없이 많았던 소원들은
부모가 되자마자 단순해지더라.

우리 가족을 위해서,
나의 가장 소중한 보물인 너를 위해,
수없이 바라왔던 나의 소원을 들어보지 않을래?

무슨 일이 있어도, 어떤 어려움이 네게 닥쳐도
꼭 내가 가장 아끼는 보물인 너 자신을 스스로 아껴줘.

위대하고 소중한 나의 사랑, _____

우리 가족을 위한 나의 소원은… ✏️

_____
_____
_____
_____

Chapter.3 | 우리의 행복한 시간

너와 꼭 해보고 싶은 것들

네가 태어난 이후로 우리는
많은 시간을 함께 보내긴 했지만,
늘 아쉽고 부족한 것이
사랑하는 가족과 보내는 시간이지.

바라보기만 해도 좋은 너와
꼭 해보고 싶은 것들이 있단다.

시간이 나면, 다음에 기회가 있으면,
꼭 나랑 같이 해주겠니?

아마 평생 마음에 따뜻하게 자리 잡을
소중한 추억이 될 거야.

위대하고 소중한 나의 사랑, _____

너와 꼭 해보고 싶은 3가지는…

가족들에게 하고 싶은 말

'가까운 사이니까 말하지 않아도 알겠지?'라고
생각하며 표현에 인색해질 때도 있었어.

'괜히 말 해서 걱정 시킬 필요는 없지.'라고 생각하며
힘들다고 말하는 대신 입을 굳게 닫은 날도 있었어.

가족이라 더 못한 말들도 있는 것 같아.

사랑한다는 한 마디, 미안하다는 한 마디.
소소하게 미주알고주알 주고받았어도 좋았을 텐데
이야기하지 않았던 것들...

가족이라고 하더라도 영원히 곁에 있지 못하는데,
언젠가 너는 기억 속 나를 곱씹으면서 지내야 할 날이 올 텐데,
그때 여러 번 꺼내보고 기억할 수 있는 좋은 말들을
좀 더 많이 해줬어야 했는데.

당연한 말이라고 하더라도,
너무 여러 번 들어 지겨울 수 있는 말이더라도 말이야.

위대하고 소중한 나의 사랑, _____

내가 가족들에게 하고 싶은 얘기는…

_____

_____

_____

Chapter.3　｜　우리의 행복한 시간

나의 버킷리스트

죽기 전에 꼭 하고 싶은 것이라고 하면
뭔가 거창하고 성대한 것들을 생각해야 할 것 같지만,
살다 보면 버킷리스트는 작고 사소한 것부터 떠오른단다.

북극에 가보겠다는 생각보다,
노래 한 곡을 잘 부를 수 있도록 연습하기 같은
사소한 것이 버킷리스트가 되기도 하는 것처럼

작은 즐거움이 모여
행복한 인생을 완성하는 것 아니겠니?

지금부터 일 년에 하나씩
아주 소소한 버킷리스트를 만들어보렴.

바쁘다는 이유로 마음속에만 담아두었던
꼭 해보고 싶은 버킷리스트가 나에게도 있단다.

반드시 해보고 싶은
나의 버킷리스트 5가지는…

1.
2.
3.
4.
5.

조금이라도 아프거나 불편한 곳

난 언제나 너의 앞을 환하게 밝혀주는 등불이 되고,
바삐 살다 잠시 기대어 쉴 수 있는 언덕이 되고,
늘 곁을 지켜주는 든든한 버팀목이 되어 주고 싶단다.

부모는 자신이 아플 때조차
자식을 먼저 걱정하는 사람인 것 같아.

나의 아픔이, 건강하지 못한 내가
행여나 너에게 짐이 될지도 모른다는 생각에.

늘 괜찮다고 말하는 건 어쩌면
내가 나 자신에게 하는 말일지도 모르겠다.

괜찮아야 한다.

아직은 좀 더 괜찮아서,
너를 지켜주어야 한다.

위대하고 소중한 나의 사랑, _____

그런 내가 요즘 조금이라도
아프거나 불편한 곳이 있다면… ✏️

_____

_____

_____

Chapter.3 | 우리의 행복한 시간

괜찮아,
네 존재 자체가 나에게
선물이고 사랑이란다.

앞으로는
더 많이 표현하고
더 많이 함께하자.

사랑한다.

Chapter.3 | 우리의 행복한 시간

너에게 남겨 주고 싶은 선물

세상을 다 알지 못하는 나는,
너에게는 보다 넓은 세상을 보여주고 싶었어.

대범하지 못한 내가 너에게는,
마음속 큰 용기와 씩씩함을 심어주고 싶었어.

위대하고 소중한 나의 사랑, _____

쉽게 상처받는 편인 나는,
너만은 강하고 담대하게
삶을 잘 살아가길 바라곤 했단다.

나보다 훨씬 멋진 인생이
네게 펼쳐지기를 원하고 또 원했지.

너에게는 한참 부족한 부모지만,
그래도 너에게 남겨주고 싶은 것이 있단다.

너에게 반드시 남겨 주고 싶은 나의 선물은…

_____

_____

_____

_____ 에게 마지막으로 하고 싶은 말

부모라는 건 그런 것 같아.

내가 갔던 길보다 네가 걸어갈 길이
좀 더 보드라우면 좋겠는 사람.

내가 살아온 세상보다 네가 살아갈 세상이
좀 더 따뜻했으면 좋겠는 사람.

그냥, 네가 모든 축복 속에서
잘 살아갈 수 있기를 바라는 사람.

나는 네가 세상으로 나아가다
발이 너무 아파서 주저앉아 버리면,
네 아픈 발을 매만져주고 연고를 발라주고
튼튼한 신발을 다시 신겨줄 거야.

그럼 너는 새 신발을 신고 곰곰이 생각해 보면 되는 거지.
발이 좀 덜 아파졌는데 요 앞까지만 가볼까?
새 신을 신은 김에 조금 더 가볼까?

위대하고 소중한 나의 사랑, _____

살다가 실수하더라도,
힘든 일이 생기더라도 다 괜찮아.

너는 충분히 극복하고 이겨낼 수 있는
용기를 담은 사람이니까.

내 보물아,
그런 일이 생기더라도 다시 힘을 내서
또 나아가면 되는 거란다.

난 언제나 한 걸음 뒤에서 너를 지켜보고 있을게.
어떤 상황에서도 온전히 너를 응원하고 신뢰할게.

다, 잘될 거야.
다, 잘 해낼 수 있을 거야.
다, 잘 해내지 못하더라도 괜찮아.

내가 사랑하는 것은 다 잘하는 네가 아니라
너라는 존재 그 자체니까.

걱정마! 넌 혼자가 아니야
사랑해! 너무 고마워!
할수있어 많이 미안해 이겨낼수있어
충분히 잘했어
항상 응원해
네가 자랑스러워
곁에 늘 있어 _____
너가 최고
너무 무리하지마
잘될거야 너가 가장 소중해
GOOD! 너를 믿어 잘하고 있어
괜찮은지 걱정돼 늘 행복하길 바라
고맙다
충분히 잘했어 언제나 너의 편이야

위대하고 소중한 나의 사랑, _____

그리고 마지막으로 꼭 전하고 싶은 말은…

_____

_____

_____

_____

_____

_____

_____

_____

_____

_____

                                    년   월   일
                                    로 부터

부모님 문답 에세이

위대하고 소중한
나의 사랑, _____

초판 1쇄 인쇄　2024년 4월 9일
초판 1쇄 발행　2024년 4월 19일

지은이　　강민정

책임편집　강지연
디자인　　김연호
일러스트　김연호

펴낸곳　　(주)모노디노
출판등록　제 2024-000062 호
주소　　　서울시 서초구 강남대로 2길 92, 6F 1호
전화　　　02-517-3259
메일　　　monobook42@gmail.com

(c) 모노디노, 2024, Printed in Korea

- 이 책은 저작권법에 따라 보호를 받는 저작물이므로 무단전재와 무단복제를 금합니다.
- 이 책의 내용을 사용하려면 반드시 저작권자와 모노디노의 서면 동의를 받아야 합니다.
- 파본이나 잘못된 책은 구입하신 곳에서 바꿔드립니다.